Sticker-Wissen Natur

Tierspuren

Text: Alfred Leutscher

Illustrationen: Chris Shields und Ian Jackson

Gestaltung: Marc Maynard

Wissenschaftliche Beratung: Harry Pepper, Tree Advice Trust

Über dieses Buch

Dieses Stickerbuch ist der ideale Begleiter für deine Tierbeobachtungen in der freien Natur, denn du kannst aufschreiben, wann und wo du welches Tier oder welche Spur gesehen hast. Versuche anhand der Beschreibungen und der Bilder, die passenden Sticker zuzuordnen. Beobachte die Tiere und ihre Spuren genau, aber fasse sie nicht an und störe die Tiere nicht.

Die Größen in den Beschreibungen sind Durchschnittswerte. Unten siehst du, wie die verschiedenen Tiere gemessen werden:

Vögel: von der Schnabel- bis zur Schwanzspitze

Säugetiere: Kopf-Rumpf-Länge, ohne Schwanz

Insekten: Körperlänge, ohne Fühler

Wenn Männchen und Weibchen nicht gleich aussehen, siehst du diese Symbole:

♀ bedeutet, das Tier ist weiblich.

♂ bedeutet, das Tier ist männlich.

Spinnen: Körperlänge, ohne Beine

Säugetiere

Säugetiere und Vögel hinterlassen manchmal dort, wo sie laufen, ihren Fußabdruck. Die Bereiche des Abdrucks, die durch den weicheren Teil ihrer Füße entstehen, werden hier in helleren Farbtönen dargestellt.

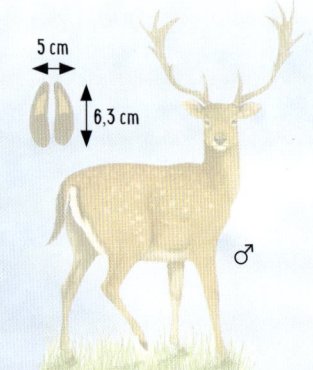

Damwild

Hausschaf

Viele verschiedene Rassen. Wird auf Feldern oder in den Bergen gehalten. Lebt in Gruppen mit einem älteren Weibchen als Leittier. Ernährt sich hauptsächlich von Gras. Größe variiert je nach Rasse.

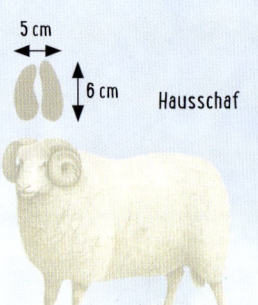

Hausschaf

WANN: ....

WO: ....

Damwild

Lebt in Herden in Wäldern und auf Wiesen. Das Sommerfell ist rotbraun mit weißen Flecken. Ernährt sich von Kräutern, Gras, Beeren, Eicheln und Blättern. 100 cm

WANN: ....

WO: ....

Hausschwein

Größe und Farbe variieren je nach Rasse. Lebt meist auf Bauernhöfen, kann aber auch als Haustier gehalten werden. Lange, bewegliche Schnauze. Allesfresser.

WANN: ....

WO: ....

Hausschwein

Hausrind

Hausrind

Größe und Farbe variieren je nach Rasse. Manche haben Hörner. Rinder, die für die Fleischproduktion gezüchtet werden, kann man auf Feldern und in den Bergen sehen.

WANN: ....

WO: ....

Exmoor-Pony

Lebt halbwild in Herden im Exmoor-Nationalpark in Großbritannien. Ernährt sich von Gras, Blättern und Kleingewächsen. Bis zu 128 cm

Exmoor-Pony

WANN: ....

WO: ....

Rotfuchs

Kommt in der Nähe von Ackerland, in Wäldern, aber auch in den Bergen und in Städten vor. Jagt gewöhnlich nachts. Ernährt sich von Säugetieren, Vögeln und Insekten. 67 cm

WANN: ....

WO: ....

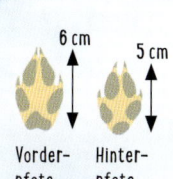

6 cm   5 cm

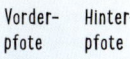

Vorder-pfote   Hinter-pfote

Rotfuchs

Vorder-pfote

Haushund

Haushund

Größe und Farbe variieren je nach Rasse. Stammt vom Wolf ab, wird heute als Haustier gehalten. Ernährt sich hauptsächlich von Fleisch.

WANN: ....

WO: ....

Hauskatze

Viele verschiedene Rassen. Größe und Farbe variieren stark. Wird von Menschen gefüttert, jagt aber oft kleine Säugetiere und Vögel. Tag- und nachtaktiv.

WANN: ....

WO: ....

Vorder-pfote   Hinter-pfote

Keine Krallen-spuren

Hauskatze

Säugetiere

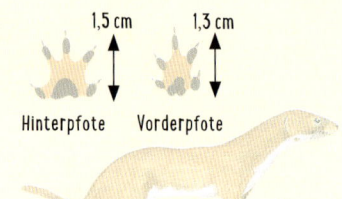

Mauswiesel

1,5 cm — Hinterpfote 1,3 cm — Vorderpfote

Otter

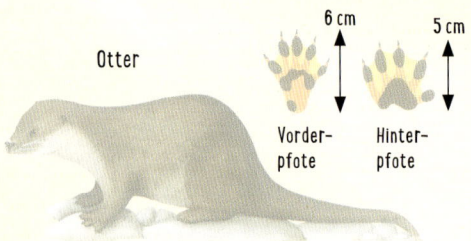

6 cm — Vorderpfote   5 cm — Hinterpfote

Otter

Lebt in Mooren, Küstengebieten, an Flüssen, Seen und auf vorgelagerten Inseln. Einzelgänger. Nachtaktiv. Ausgezeichneter Schwimmer. Ernährt sich von Fischen, Krebsen, Aalen, Fröschen, Wasservögeln und Kaninchen. 70 cm

WANN: ....

WO: ....

Mauswiesel

Lebt in offenen Landschaften, in der Nähe von Ackerland und in den Bergen. Bevorzugt trockene Gebiete. Bewegt sich mit gewölbtem Rücken fort. Jagt nachts. Ernährt sich von Kleinsäugern und Vögeln. 20 cm

WANN: ....

WO: ....

Igel

Hauptsächlich nachtaktiv. Lebt allein in Gräben, Hecken, Parks und Gärten. Hält Winterschlaf. Rollt sich bei Bedrohung ein. Ernährt sich von Würmern und Schnecken. 25 cm

WANN: ....

WO: ....

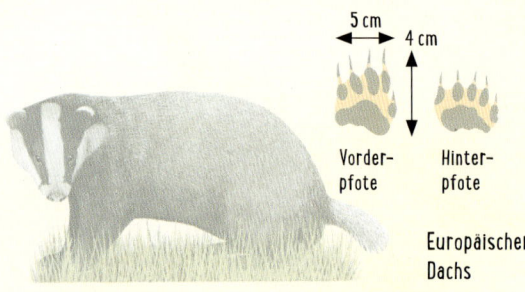

5 cm — Vorderpfote   4 cm — Hinterpfote

Europäischer Dachs

Europäischer Dachs

Kommt hauptsächlich in Wäldern, aber auch in den Bergen vor. Nachtaktiv. Lebt in Familienverbänden in unterirdisch angelegten Dachsburgen. Ernährt sich von Würmern, Kleinsäugern, Insektenlarven, Wespennestern, Getreide und Wurzeln. 75 cm

WANN: ....

WO: ....

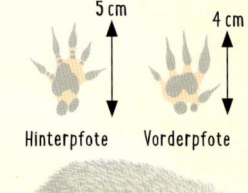

5 cm — Hinterpfote   4 cm — Vorderpfote

Igel

Wildkaninchen

Kommt in der Nähe von Ackerland, in Wäldern, Sanddünen und in Hügellandschaften vor. Lebt in Kolonien in unterirdischen Bauen. Ernährt sich von Gräsern und Pflanzen. 40 cm

WANN: ....

WO: ....

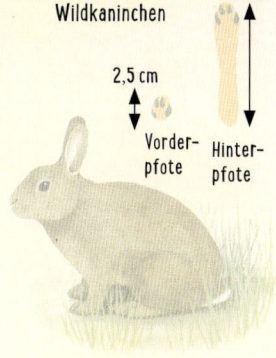

Wildkaninchen

2,5 cm

12 cm

Vorder-
pfote

Hinter-
pfote

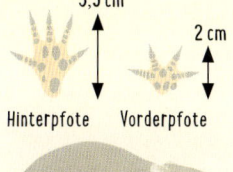

3,5 cm

2 cm

Hinterpfote   Vorderpfote

Das Fell kann auch
schwarz sein.

Wanderratte

Wanderratte

Kommt weltweit vor. Lebt in Kolonien meist in Erdbauen, gewöhnlich in der Nähe von Menschen. Allesfresser. 26 cm

WANN: ....

WO: ....

Grauhörnchen

Tagaktiv. Ursprünglich aus Nordamerika, verbreitet sich auch in Europa. Lebt in Parks, Gärten und Wäldern. Ernährt sich vor allem von Samen und Nüssen. 27 cm

WANN: ....

WO: ....

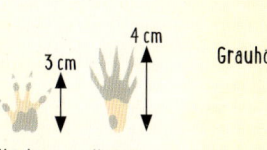

3 cm

4 cm

Grauhörnchen

Vorder-
pfote

Hinter-
pfote

1 cm

0,9 cm

Vorder-
pfote

Hinter-
pfote

Waldspitzmaus

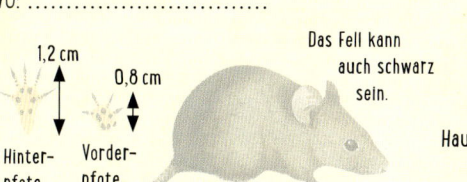

Hausmaus

Kommt weltweit auf Bauernhöfen und in Gebäuden vor. Meistens nachtaktiv. Fiept sehr hoch. Ernährt sich von Getreide, Körnern, Gemüse und Obst. 9 cm

WANN: ....

WO: ....

1,2 cm

0,8 cm

Hinter-
pfote

Vorder-
pfote

Das Fell kann
auch schwarz
sein.

Hausmaus

Waldspitzmaus

Fiept sehr schrill. Kann aggressives Verhalten zeigen. Lebt auf Wiesen, in Wäldern, Hecken, Dünen und Sumpfgebieten. Ernährt sich von Insekten und Regenwürmern. 7 cm

WANN: ....

WO: ....

Vögel

Graugans

Zählt zu den häufigsten Wasservögeln in Europa. Baut ihr Nest meist am Boden, es wird vom Männchen bewacht. Lebt in großen Schwärmen. Zieht im Winter in den Süden und bildet im Flug eine V-Formation. Ernährt sich von Gras und Wasserpflanzen. 82 cm

WANN: ....

WO: ....

9 cm

Graugans

Stockente

Am häufigsten vorkommende Schwimmente Europas. Das Weibchen ist braun gesprenkelt mit blauem Flügelspiegel. Das Männchen hat einen dunkelgrün glänzenden Kopf. Ernährt sich von kleinen Wasserpflanzen und manchmal Wasserinsekten, Schnecken und Würmern. 58 cm

WANN: ....

WO: ....

Stockente

8 cm

♂

Graureiher

12 cm

Graureiher

Steht bewegungslos für lange Zeitspannen. Er ist oft in der Nähe von Flüssen, Seen und Sumpfgebieten mit Flachwasserzonen zu finden. Ernährt sich von Fischen, Fröschen und Mäusen. 92 cm

WANN: ....

WO: ....

Männchen können farblich variieren und weisen oft einen weißen Halsring auf.

♂ Fasan

9 cm

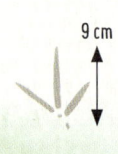

Fasan

Bevorzugt Felder, Wälder und Weiden mit Unterholz als Lebensraum. Sitzt auf Bäumen, aber nistet am Boden. Weibchen ist braun gesprenkelt. Ernährt sich von Körnern, Insekten und Würmern. Männchen 87 cm, Weibchen 58 cm

WANN: ....

WO: ....

Haussperling

Wird meist Spatz genannt. Lebt in der Nähe von Menschen. Ernährt sich von Sämereien, aber auch von Abfällen. Kann an Gebäuden nisten. Bewegt sich am Boden fast immer beidbeinig hüpfend fort. Schläft in Verbänden. 15 cm

WANN: ....

WO: ....

Saatkrähe

Haus-
sperling

Saatkrähe

Baut Nester in Gruppen, gewöhnlich auf hohen Bäumen. Kommt auf Feldern vor, oft in Schwärmen. Ernährt sich auf Ackerböden von Insekten, Raupen und Samen. 46 cm

WANN: ....

WO: ....

Silbermöwe

Die häufigste Möwe an den Küsten Nord- und Westeuropas. Kommt in Häfen und Küstenstädten vor. Nistet auf Gebäuden und an Steilküsten. Ernährt sich von Muscheln, Eiern, Fischen und Abfällen von Menschen. 56 cm

WANN: ....

WO: ....

Blässhuhn

Silbermöwe

Blässhuhn

Kommt an stehenden oder langsam fließenden Gewässern in Gruppen vor. Nistet gut geschützt in der Ufervegetation. Ernährt sich von Wasserpflanzen und einigen Insekten. 38 cm

WANN: ....

WO: ....

Insekten

Insekten können Spuren hinterlassen, die auf ihren Lebensraum oder ihre Ernährung hindeuten. Einige junge Insekten (Larven) verursachen Wucherungen an Bäumen, indem sie in den Baum stechen oder beißen. Man nennt diese Wucherungen Gallen oder Galläpfel. Die Larven finden darin Schutz und Nahrung.

Borkenkäfer

Es gibt viele verschiedene Arten, die sich in Größe und Farbe unterscheiden. Bohrt zur Eiablage einen Gang in die Baumrinde. Dieser wird Muttergang genannt. Nachdem die Larven geschlüpft sind, bohren sie Seitengänge in das Holz. 3–6 mm

WANN: ....

WO: ....

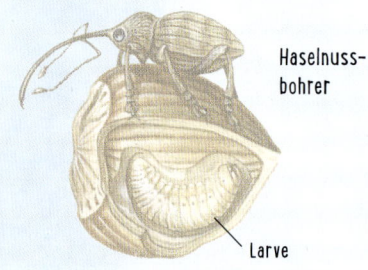

Haselnussbohrer

Larve

Großer Ulmensplintkäfer

Muttergang

Larvengang

Haselnussbohrer

Bohrt mit seinem langen Rüssel junge Haselnüsse an und legt ein Ei darin ab. Nachdem die Larve geschlüpft ist, ernährt sie sich vom Nusskern. Im Herbst fällt die Nuss auf den Boden und die Larve nagt sich durch die Nussschale nach draußen. 6–9 mm

WANN: ....

WO: ....

Rote Waldameise

Waldameise

Es gibt verschiedene Arten. Die Ameisen sind entweder schwarz-rot oder komplett schwarz. Baut riesige kegelförmige Nester, sogenannte Ameisenhügel, aus kleinen Zweigen und Kiefernnadeln. Die Eingangslöcher in der Kuppel können bei kaltem Wetter verschlossen werden. 6–10 mm

WANN: ....

WO: ....

Eingangslöcher

Gemeine Eichengallwespe

Die Weibchen legen Eier auf die Blätter oder Knospen von Eichen. Es entstehen Gallen, in deren Innerem Larven heranwachsen. Zunächst sind sie grün, später rötlich. Die Gallen können bis zu 2 cm groß werden, und je reifer sie sind, desto dunkler werden sie. 3 mm

WANN: ....

WO: ....

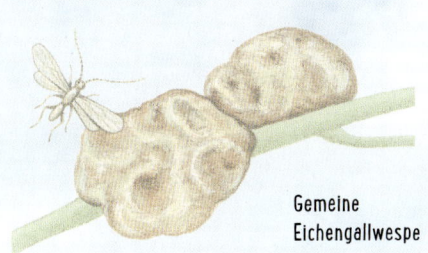

Gemeine
Eichengallwespe

Fichtengallenlaus

Verursacht ananasförmige Gallen an Fichten und hemmt den Wuchs von neuen Trieben. Im August brechen die Gallen auf und geflügelte Läuse fliegen heraus. 2 mm

WANN: ....

WO: ....

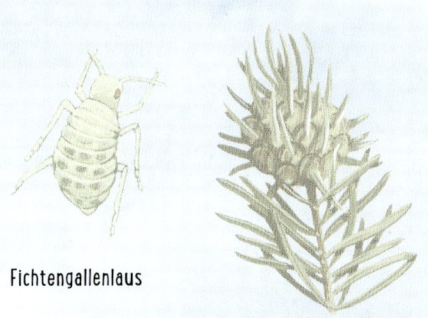

Fichtengallenlaus

Schwammkugel-
Gallwespe

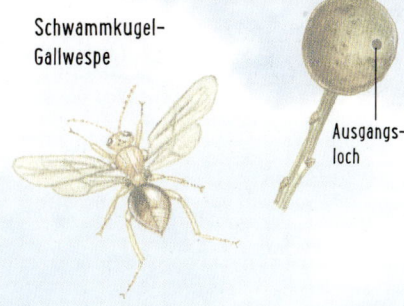

Ausgangs-
loch

Schwammkugel-Gallwespe

Larven wachsen in einer Galle auf einem Eichenblatt oder -zweig. Im Sommer sind die Gallen grün, später werden sie braun. Wenn die Larven im September ausgewachsen sind, fressen sie ein Loch in die Galle und kriechen heraus. 4 mm

WANN: ....

WO: ....

Gemeine
Rosengallwespe

Gemeine Rosengallwespe

Verursacht Gallen an Heckenrosenblättern und -stämmen, auch bekannt als Rosenapfel, Bedeguare oder Schlafapfel. Eine Galle kann mehrere Larven enthalten, die sich jeweils in einer eigenen Kammer befinden. 4 mm

WANN: ....

WO: ....

Fraßspuren

Wenn ein Tier beim Fressen gestört wird, hinterlässt es oft Nahrungsreste. Manche hinterlassen mit Absicht Reste, wenn etwas ungenießbar ist oder sie die Nahrung für später aufbewahren wollen.

Würger mit aufgespießten Käfern

Durchbohrte Eier

Stein- und Baummarder beißen Löcher in Vogeleier, um den Inhalt zu fressen.

WANN: ....

WO: ....

Steinmarder mit angebissenem Ei

Zertrümmerte Schneckenhäuser

Singdrosseln zertrümmern Schneckenhäuser an Steinen. Sie hinterlassen zerbrochene Schneckenhausteile.

WANN: ....

WO: ....

Eine Singdrossel zertrümmert Schneckenhäuser.

Vorräte

Würger (Sperlingsvögel) befestigen Nahrung wie Insekten, Mäuse, Eidechsen und kleine Vögel an dornigen Zweigen oder Stacheldraht, um sie so zu lagern.

WANN: ....

WO: ....

Ein von einem Otter angefressener Fisch

Fischreste

Otter hinterlassen manchmal Fischreste in der Nähe von Gewässern. Sie fressen oft den Kopf zuerst und werfen die Flossen weg.

WANN: ....

WO: ....

Junge Pflanzen

Schaue dir im Frühling junge Pflanzen an.
Tiere hinterlassen Fraßspuren an verschiedenen
Pflanzenteilen. Vögel picken an Blättern und
Blumen. Wühlmäuse knabbern an Trieben
und hinterlassen dabei Bissspuren.

WANN: ....

WO: ....

Apfel, der
von einer
Amsel ange-
pickt wurde

Apfel, der von einer
Waldmaus ange-
knabbert wurde

Von einem Sperling
angepickte Blüten

Stängel, die von
einer Rötelmaus
angeknabbert
wurden

Fallobst

Kleine Tiere knabbern oft Obst an, lassen
es dann aber liegen, weil es zu groß ist,
um es ganz aufzufressen. Suche Bissspuren von Nagetieren auf der Schale
oder Haut. Vögel hinterlassen Pickspuren
im Fruchtfleisch.

WANN: ....

WO: ....

Wurzelfrüchte

Ratten und Wühlmäuse nagen an
Wurzelfrüchten über und unter der Erde.
Hasen, Kaninchen und Rehe fressen nur
die Pflanzen über dem Boden.

WANN: ....

WO: ....

Pilz, der von einem
Eichhörnchen
angenagt wurde

Steckrübe, die
von einem Wild-
kaninchen ange-
nagt wurde

Kartoffel, die von einer
Ratte angenagt wurde

Pilze

Nagetiere hinterlassen Bissspuren im
Fruchtfleisch von Pilzen. Kleine runde
Löcher auf der Oberseite stammen
von Nacktschnecken.

WANN: ....

WO: ....

Zapfen der Nadelhölzer

Zapfen enthalten Samen, die von Deckschuppen geschützt werden. Tiere können diese Deckschuppen anheben, herausreißen, zurückziehen oder abnagen, um an die Samen zu kommen.

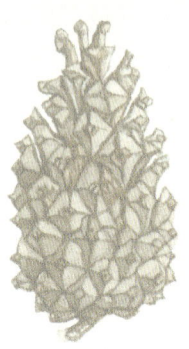

Kiefernzapfen, der von einem Fichtenkreuzschnabel angepickt wurde

Fraßspuren von Eichhörnchen

Deckschuppen werden herausgerissen und der Stiel kommt zum Vorschein. Schaue unter Bäumen und Baumstümpfen nach, da manche Eichhörnchen diese als Futterstelle benutzen.

WANN: ....

WO: ....

Kiefernzapfen, der von einem Eichhörnchen abgenagt wurde

Fraßspuren von Fichtenkreuzschnäbeln

Fichtenkreuzschnäbel benutzen ihre Schnäbel, um die Deckschuppen zu verbiegen und sie dann herauszudrücken oder zu spalten.

WANN: ....

WO: ....

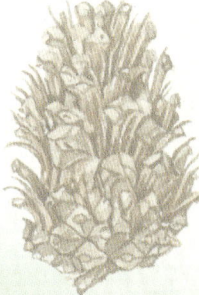

Kiefernzapfen, der von einem Specht angepickt wurde

Kiefernzapfen, der von einer Waldmaus abgenagt wurde

Fraßspuren von Waldmäusen

Die Deckschuppen werden nah am Stiel abgenagt. Waldmäuse tragen die Zapfen an geschützte Plätze, um sie zu fressen.

WANN: ....

WO: ....

Fraßspuren von Spechten

Spechte klemmen Zapfen in Spalten von Bäumen oder Mauern, dann picken und zerreißen sie die Deckschuppen. Die Zapfen sehen zerrupft aus.

WANN: ....

WO: ....

1

6 cm

5 cm

Vorder-
pfote

Hinter-
pfote

2

1–2 cm

2–4 cm

3

5

4

2–3 mm

5 cm

6,3 cm

6

7

8

♂

9

10

11

3–4,5 cm

12

2,5 cm

13

14 Larve

15

6 cm 5 cm
Vorder-
pfote Hinter-
pfote

16

17 6 cm

18 Eingangslöcher

19

20

21

22 8 cm

23 7–18 mm

24

25

♂

3–7 cm

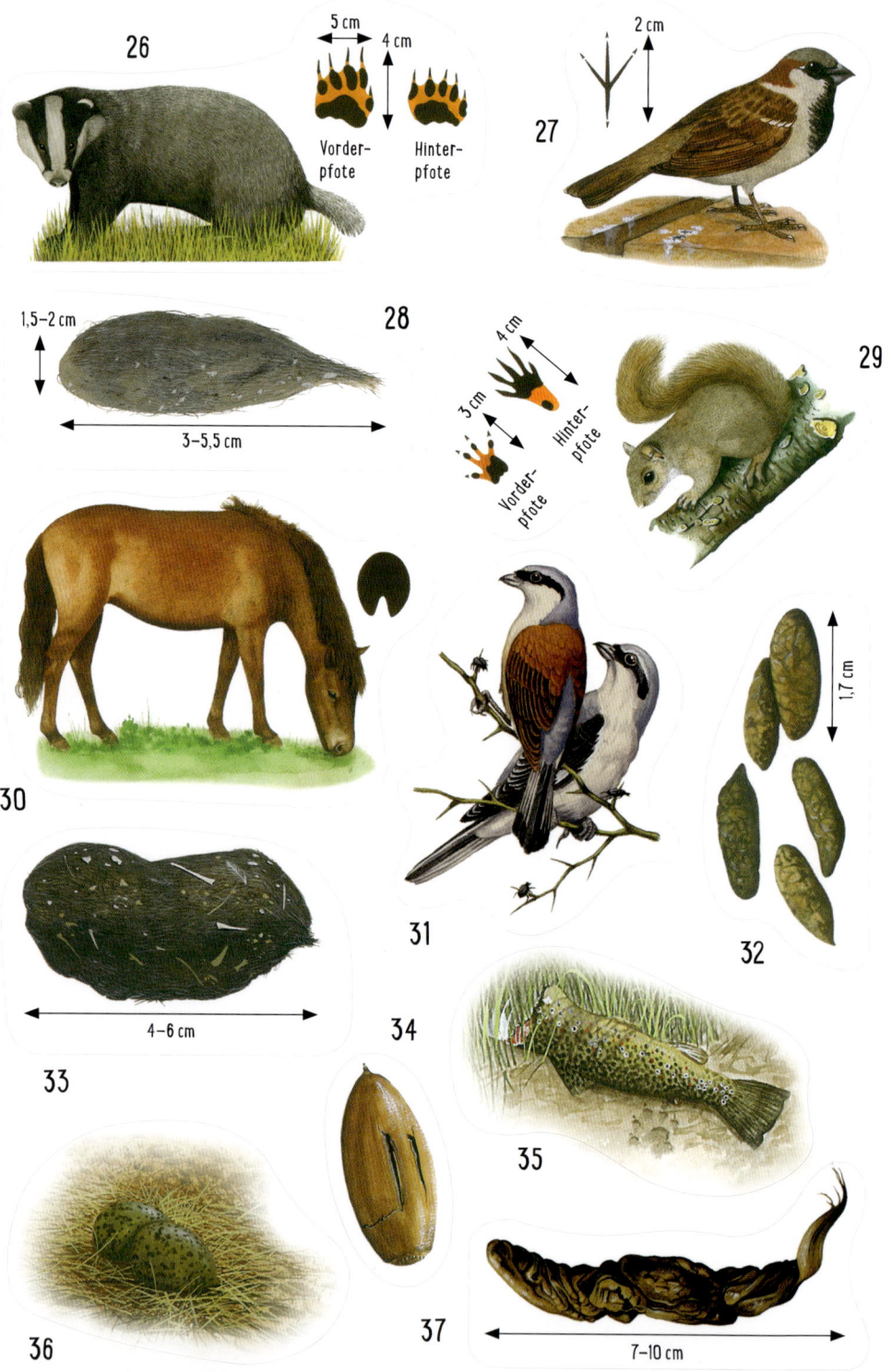

26

5 cm
4 cm
Vorder-
pfote
Hinter-
pfote

27
2 cm

1,5–2 cm
28
3–5,5 cm

4 cm
3 cm
Hinter-
pfote
Vorder-
pfote
29

30

31

1,7 cm

32

33
4–6 cm

34

35

36

37
7–10 cm

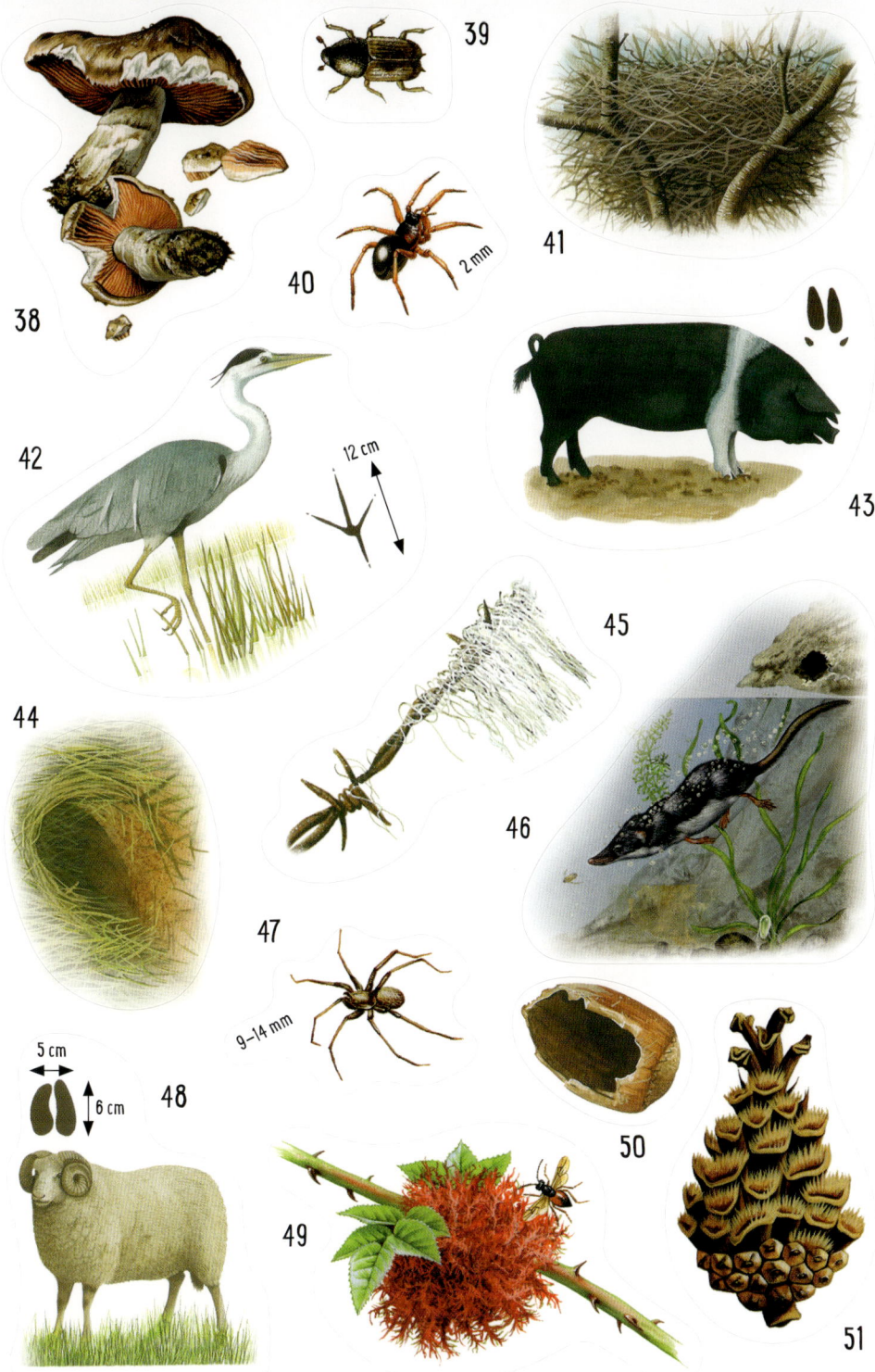

38

39

40   2 mm

41

42   12 cm

43

44

45

46

47   9–14 mm

48   5 cm   6 cm

49

50

51

52

53

54

Hinterpfote 5 cm
Vorderpfote 4 cm

55

56

57

58

1 cm Vorderpfote
0,9 cm Hinterpfote

59

2,5–3 cm

6–7 cm

60

61

62

63

64

1,2 cm Hinterpfote
0,8 cm Vorderpfote

Das Fell kann auch schwarz sein.

65

66

67
Ausgangs-
loch

68
3,5–6 cm

69
1 cm

70
3,5 cm
2 cm
Hinterpfote   Vorderpfote
Das Fell kann auch
schwarz sein.

71

72

73

74
Muttergang
Larvengang

75

76
9 cm

77

78
Keine
Krallen-
spuren
Vorder-
pfote
Hinter-
pfote

79

80

Vorder-
pfote

81

5–8 cm

82

83

84

85

86

4–9 cm

87

5 cm

88

89

90

91

2–3 cm

92

6 cm

93

94

95

2,5 cm
Vorder-
pfote

12 cm
Hinter-
pfote

96

97

98

Männchen können
farblich variieren
und weisen oft
einen weißen
Halsring auf.

9 cm

♂

99

100

101

102

103

104

1,5 cm
Hinterpfote

1,3 cm
Vorderpfote

105

106

4–7 cm

Nüsse

Einige Tiere picken, nagen oder kauen an Nussschalen, um an den Nusskern zu gelangen. Man kann Löcher, Biss- oder Schnabelspuren an allen Nussschalen finden.

Fraßspuren von Wildkaninchen

Die langen Vorderzähne hinterlassen Kratzspuren auf der Oberfläche der Nuss.

WANN: ....

WO: ....

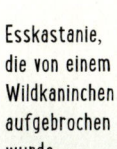

Esskastanie, die von einem Wildkaninchen aufgebrochen wurde

Eichel, die von einem Wildkaninchen angebissen wurde

Fraßspuren von Spechten

Nüsse werden in Rindenspalten eingeklemmt und mit mehreren Schnabelhieben zerbrochen.

WANN: ....

WO: ....

Buchecker, die von einem Specht aufgehackt wurde

Haselnuss, die von einem Specht aufgehackt wurde

Haselnuss, die von einem Grauhörnchen aufgebrochen und angenagt wurde

Walnuss, die von einer Ratte angenagt wurde

Fraßspuren von Grauhörnchen und Ratten

Die Schalen werden aufgebrochen und von scharfen Zähnen angeknabbert.

WANN: ....

WO: ....

Walnuss, die von einer Blaumeise aufgehackt wurde

Haselnuss, die von einer Kohlmeise angebrochen wurde

Fraßspuren von Meisen

Vögel zerhacken die Schale mit dem Schnabel, es bleiben gezackte Löcher zurück.

WANN: ....

WO: ....

Gewölle

Manche Vögel schlucken ihre Nahrung ganz und würgen dann unverdauliche Nahrungsreste wieder hoch. Man nennt sie Gewölle oder Speiballen. Sie können aus Fell, Knochen, Federn oder Insektenteilen bestehen.

Gewölle von Eulen

Kann unter Pfosten, Zweigen, in Scheunen, Baumhöhlen und anderen Orten gefunden werden, wo Eulen sitzen oder nisten. Die härteren Teile des Gewölles wie Knochen, Krallen und Schalen sind gewöhnlich von den weicheren Teilen wie Fell, Federn und Pflanzenstielen umgeben.

WANN: ....

WO: ....

Gewölle des Waldkauzes mit Vogelfedern und Knochen

4–7 cm

Gewölle der Sumpfohreule mit Vogelfedern und Knochen

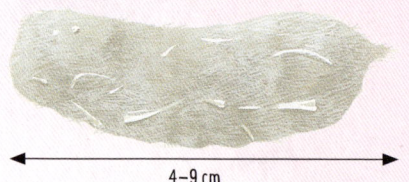

4–9 cm

Gewölle der Schleiereule mit Fell und Knochen von Säugetieren sowie Vogelknochen

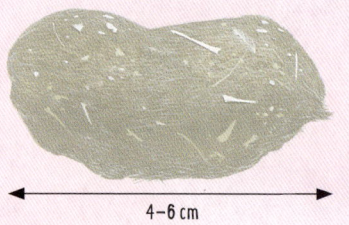

4–6 cm

Gewölle der Waldohreule mit Federn sowie Fell und Knochen von Säugetieren

3–7 cm

Gewölle des Steinkauzes mit Vogelknochen, Federn sowie Überresten von Insekten

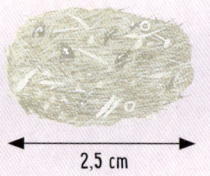

2,5 cm

Gewölle von Krähen

Kann auf Feldern und an anderen Futterstellen gefunden werden. Enthält oft Steinchen und Pflanzenreste.

WANN: ....

WO: ....

Gewölle der Krähe

3–4,5 cm

Gewölle von Greifvögeln

Kann in der Nähe von Zäunen oder Baumstümpfen gefunden werden, an denen sich Greifvögel aufhalten. Greifvögel verschlucken die Knochen ihrer Beute nicht, weshalb man keine in ihrem Gewölle findet.

WANN: ....

WO: ....

Gewölle des Sperbers mit Vogelfedern

1–2 cm

2–4 cm

Gewölle des Turmfalken mit Fell von Säugetieren

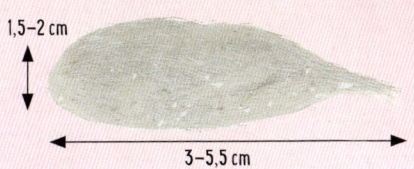

1,5–2 cm

3–5,5 cm

Gewölle des Mäusebussards mit Fell von Säugetieren

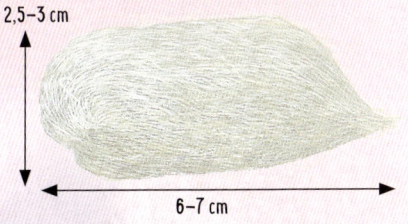

2,5–3 cm

6–7 cm

Gewölle von Saatkrähen

Kann Steinchen und Pflanzenreste enthalten und unter Nestern gefunden werden.

WANN: ....

WO: ....

Gewölle der Saatkrähe

2–3 cm

Gewölle von Möwen

Lockeres Gewölle aus Fischgräten und Pflanzenresten. Kann in der Nähe von Gewässern gefunden werden.

WANN: ....

WO: ....

Gewölle der Möwe

3,5–6 cm

Kot/Losung

Im Kot oder in der Losung befinden sich hauptsächlich Nahrungsbestandteile, die ein Tier nicht verdauen kann. Bitte berühre nie den Kot, den du findest.

Wanderrattenkot

Einzeln oder in Haufen. Besteht aus Pflanzenresten. Normalerweise dunkelbraun oder schwarz.

WANN: ....

WO: ....

Wanderrattenkot

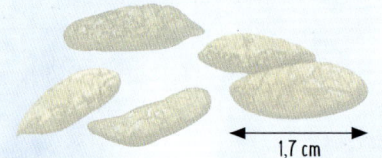

1,7 cm

Starkot

Weiß und flüssig. Kann an Futterplätzen, Ruheplätzen und unter Nestern gefunden werden.

WANN: ....

WO: ....

Starkot

Gänsekot

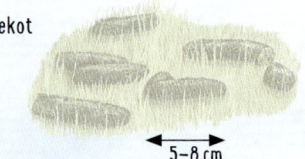

5–8 cm

Gänsekot

Zylinderförmig und fest. Grün oder graubraun. Besteht aus Pflanzenresten.

WANN: ....

WO: ....

Wildkaninchenkot

1 cm

Wildkaninchenkot

Zur Markierung des Reviers. Normalerweise in Haufen, oft in der Nähe von Bauen, manchmal auf Erdhaufen, Grasbüscheln oder Baumstümpfen.

WANN: ....

WO: ....

Fuchskot

7–10 cm

Fuchskot

Vor Fuchsbauen oder auf Steinen oder Grasbüscheln. An einem Ende gedreht. Kann Teile von Mäusen, Insekten, Obst, Samen oder Beeren enthalten.

WANN: ....

WO: ....

Fell und Federn

Viele Tiere verlieren Federn oder Fell
an ihren Fress- oder Schlafplätzen
oder wenn sie sich durch Engstellen
hindurchzwängen.

Dachshaare

Schafwolle

Kann normalerweise an Ästen, Stacheldraht oder Holzzäunen gefunden werden,
an denen Schafe vorbeigegangen sind.
Oft in verfilzten Klumpen.

WANN: ....

WO: ....

Schafwolle

Dachshaare

Dachse benutzen immer dieselben
Wege zu ihren Futterplätzen. Wenn
diese unter Zäunen entlangführen,
schaue nach, ob dort Fell am Zaun
hängt.

WANN: ....

WO: ....

Körperfeder
eines Fasans

Federn

Alle Vögel verlieren alte und
abgenutzte Federn. Daher kann
man diese normalerweise leicht
und selbst in belebten Städten
finden. Hier siehst du einige Federn,
die man häufig entdeckt.

WANN: ....

WO: ....

Flügelfeder
eines Eichelhähers

Schwanzfeder
eines Fasans

Flügelfeder einer
Ringeltaube

Flügelfeder
einer Stockente

Vogelnester

Vögel bauen ihre Nester gewöhnlich an gut versteckten oder schwer zugänglichen Plätzen. Im Winter ist es einfacher, sie an den kahlen Bäumen zu sehen. Bitte achte jedoch darauf, sie nicht anzufassen.

Schwalbennest

Nest des Zaunkönigs

Ovales Nest aus Federn, Gras und Moos. Gut versteckt im Unterholz, unter Blättern, in Baumhöhlen oder Mauerlöchern. April bis Juni.

WANN: ....

WO: ....

Nest des Zaunkönigs

Schwalbennest

Hoch über dem Boden, oft unter einem Dachvorsprung oder an einer Wand. Aus Lehm und Pflanzenteilen, mit Federn ausgekleidet. Mai bis Juni.

WANN: ....

WO: ....

Nest einer Heringsmöwe

Nest eines Spechts

Der Specht zimmert eine Höhle in einen Baum, in der er dann sein Nest errichtet. Die Höhle ist ungefähr 38 cm tief. Unterhalb kann man oft Holzspäne finden. April bis Mai.

WANN: ....

WO: ....

Nest eines Spechts

Nest einer Heringsmöwe

Flache Mulde im Boden, die mit Pflanzenmaterial ausgelegt ist. An Klippen, Steinstränden oder in Mooren zu finden. Ihre Eier sind so getarnt, dass sie sich in die steinige Umgebung einfügen. Mai bis Juni.

WANN: ....

WO: ....

Nest der Schwanzmeise

Großes eierförmiges Nest, liegt gut versteckt im Unterholz, in Hecken, im Gestrüpp und manchmal auch auf Bäumen. Aus Moos und Flechten, die mit Haaren oder Spinnweben verwoben sind. Mit Federn ausgekleidet. März bis April.

WANN: ....

WO: ....

Nest der
Schwanzmeise

Nest der Saatkrähe

Saatkrähen nisten in Kolonien. Die Nester, die man Krähenhorste nennt, werden auf Baumkronen gebaut und bestehen aus Zweigen und Erde. Ausgekleidet werden sie mit Pflanzenteilen, Wolle und Haaren. Ein Nest wird oft über mehrere Jahre hinweg benutzt. Kann auch als Schlafplatz dienen. März bis Mai.

WANN: ....

WO: ....

Nest der Singdrossel

Das Nest befindet sich 1,5–3 m über dem Boden, versteckt in Hecken, im Gebüsch oder in Bäumen, für gewöhnlich nahe am Stamm. Aus Zweigen, Wurzeln, Gras, Flechten und trockenem Laub. Mit Lehm ausgekleidet. März bis Juni.

WANN: ....

WO: ....

Nest der
Singdrossel

Nest des
Blässhuhns

Nest des Blässhuhns

Zwischen Schilf oder anderen Wasserpflanzen in oder in der Nähe von Seen, Teichen und Bächen. Aus Stielen von Wasserpflanzen und abgestorbenen Blättern. März bis April.

WANN: ....

WO: ....

Tierbaue

Einige Säugetiere leben in unterirdischen Erdhöhlen, in die sie sich zurückziehen können. Man kann manchmal Eingangslöcher zu Bauen in weichem Boden entdecken. Die Größe des Lochs kann darauf hinweisen, welches Tier dort lebt.

Maulwurfshügel

Entsteht beim Graben der Tunnel durch die anfallende Erde. Das Schlafnest ist unter dem größten Hügel und wird auch Maulwurfsburg genannt. Sie kann bis zu 30 cm hoch sein.

WANN: ....

WO: ....

Maulwurfshügel

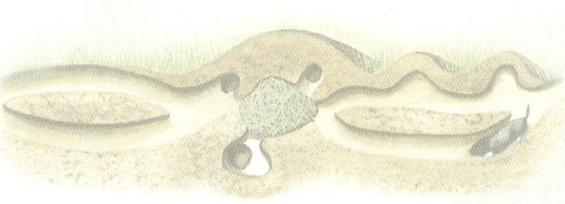

Eingang zum Dachsbau

Dachsbau

Gewölbtes Eingangsloch, 20–30 cm breit. Oft können Materialien zur Auskleidung des Baus vor dem Eingang gefunden werden, zum Beispiel trockenes Gras oder Blätter.

WANN: ....

WO: ....

Bau einer Wasserspitzmaus

Eingang zum Bau einer Wasserspitzmaus

An Flussufern, Bächen und Teichen. Das Eingangsloch ist 2 cm breit. Kann über oder unter Wasser liegen. Gang führt zu einer Nestkammer, die mit Gras, Wurzeln und Moos ausgekleidet ist. Wasserspitzmäuse bleiben tagsüber in ihren Bauen.

WANN: ....

WO: ....

Wildkaninchenbau

Wildkaninchen leben in Kolonien in Bauen, die viele miteinander verbundene Gänge, Eingangs- und Ausgangslöcher haben. Neben Löchern, die von außen gegraben wurden, liegt sehr viel Erde. Es kann flache, mit Kot umgebene Höhlen in der Nähe geben.

Wildkaninchenbau

WANN: ....

WO: ....

Eingang und
Ausgang eines
Rattenbaus

Bau einer Ratte

Ratten können Erdhöhlen in fast allen Boden-arten und Komposthaufen bauen. Jeder Bau hat zwei Löcher – einen Haupteingang und einen Notausgang. Löcher sind 6–8 cm breit.

WANN: ....

WO: ....

Bau einer Wühlmaus

Das Eingangsloch ist 6–8 cm breit und liegt knapp über dem Wasser im weichen Uferboden an langsam fließenden Flüssen, Bächen und Kanälen. Wühlmäuse fressen gewöhnlich die Pflanzen um das Loch herum.

Eingang zum
Bau einer
Wühlmaus

WANN: ....

WO: ....

Eingang zum
Bau einer
Waldmaus

Bau einer Waldmaus

In Wäldern und Hecken zu finden. Der Eingang ist 3–4 cm breit. Halte Ausschau nach einem gut ausgetretenen Weg und einem Erdhügel vor dem Loch. Waldmäuse bleiben tagsüber in ihren Bauen.

WANN: ....

WO: ....

Nester von Säugetieren

Nester werden nicht nur von Vögeln gebaut,
sondern auch von einigen kleinen Säugetieren.
Es ist wichtig, ein solches Nest nie anzufassen.

Sommernest
der Zwergmaus

Winternest des
Siebenschläfers

Sommernest der Zwergmaus

Aus Grashalmen und Schilf gewobene
Nester hoch über dem Boden, manchmal
in Büschen. 8–10 cm breit.

WANN: ....

WO: ....

Winternest des Siebenschläfers

Aus Pflanzenmaterialien, meistens Rindenstreifen.
Oft in Bodennähe oder in einer Erdhöhle, im Unterholz oder zwischen Baumwurzeln. 8 cm breit.

WANN: ....

WO: ....

Nest des Grau-
hörnchens

Nest des Feldhasen

Ein flacher Bau, der in die Erde, ins Gras oder
in den Schnee gegraben ist und gewöhnlich auf
einer Seite von einem Grashaufen oder einem
Stein geschützt wird. 40 cm lang.

WANN: ....

WO: ....

Feldhasennest

Nest des Grauhörnchens

Ein kugelförmiges Nest, auch Kobel genannt,
aus Zweigen, das mit Moos, Gras, Federn und Fell
ausgekleidet ist. Sommernester sind in Astgabeln
zu finden, Winternester können in hohlen
Baumstämmen sein. 20–50 cm breit.

WANN: ....

WO: ....

Spinnennetze

Netz der Schwarzen Glücksspinne

Deckennetz, das an Pflanzen befestigt ist. Insekten fliegen in die über dem Deckennetz gespannten Fäden und fallen auf das Netz. Die auf der Unterseite wartende Spinne beißt ihre Beute durch die Decke.

WANN: ....

WO: ....

Schwarze Glücksspinne

2 mm

Netz der Gartenkreuzspinne

Rundes Radnetz, die Fäden bilden ein spiralförmiges Muster. Die Spinne hängt mit dem Kopf nach unten in der Mitte des Netzes und wartet bewegungslos auf Insekten, die sich in den klebrigen Fäden verfangen.

WANN: ....

WO: ....

Gartenkreuz-spinne

7–18 mm

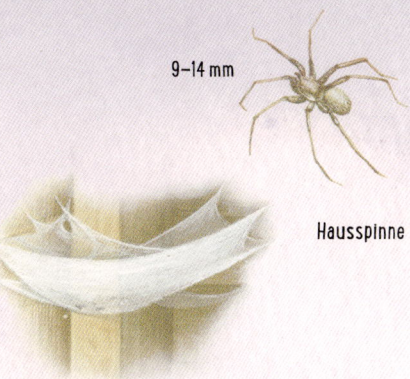

9–14 mm

Hausspinne

Netz der Hausspinne

Unordentliches Deckennetz in Ecken von Zimmern und Schuppen. Spinne versteckt sich im trichterförmigen Teil des Netzes.

WANN: ....

WO: ....

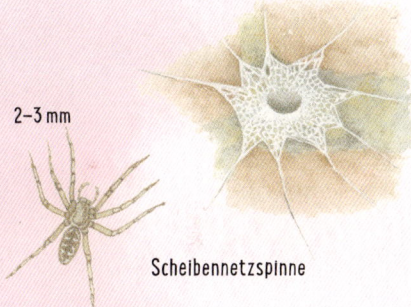

2–3 mm

Scheibennetzspinne

Netz der Scheibennetzspinne

Trichterförmiges Netz in Mauerspalten mit Fäden, die hervorstehen. Die Spinne versteckt sich im Trichter. Wenn ein Insekt die Fäden berührt, wackelt das Netz und die Spinne eilt aus ihrem Versteck, um die Beute zu packen.

WANN: ....

WO: ....

Register

Die erste Zahl hinter jedem Begriff weist auf die Seitenzahl im Buch hin, auf der dieser zu finden ist. Die Zahlen in den Klammern geben die Nummern der Sticker auf den Stickerseiten an.

Mit Dank an Dr. Margaret Rostron

Zusätzliche Illustrationen:
Graham Allen, Dave Ashby, Bob Bampton, John Barber, Derick Bown, Roger H. Coggins, Denise Finney, Sheila Galbraith, Christine Howes, Andy Martin, Annabel Milne, Tricia Newell, Richard Orr, Peter Stebbing, Robert Morton, David Wright und andere

Umschlaggestaltung: Romy Schulz • Übersetzung aus dem Englischen: Andrea Reinacher
Satz der deutschen Ausgabe: Tanja Haaf • Redaktion der deutschen Ausgabe: Silke Jäckle